Hagamos una fiesta

SUMARIO

ART LEYENDA

DIFICULTAD DEL JUEGO	TIEMPO DE PREPARACIÓN	SÚPER IDEA para juegos cada vez más súper	¡ATENCIÓN! Sugerencias y consejos para preparar el juego	JUEGO + Sugerencias para utilizar o transformar el juego que has creado
⭐ juego sencillo	🕐 una hora, más o menos			
⭐⭐ juego un poco más difícil	🕐🕐 alrededor de dos horas			

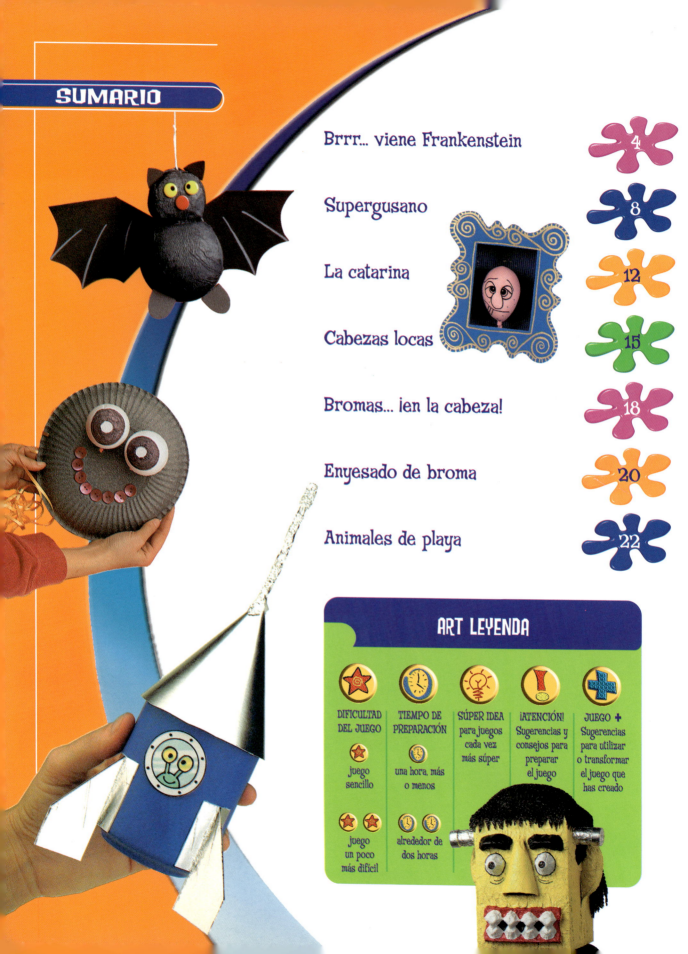

Brrr... FRANKEN

Para jugar entre amigos
Pon en un recipiente cosas o alimentos tiernos y fríos (cáscaras, esponjas, objetos de goma...). Cubre el recipiente con una tela y di a una "víctima" que introduzca la mano por debajo, toque y adivine de qué objeto se trata. ¡Sin decir "Uuuuu"!

¿QUÉ SE NECESITA?

- UNA CAJA DE CARTÓN ONDULADO
- UNA HUEVERA
- 3 TUBOS DE CARTÓN: UNO LARGO Y DOS CORTOS
- UNA ESPONJA
- UN ROLLO DE PAPEL METÁLICO
- UNA HOJA DE PLÁSTICO PROTECTOR DE EMBALAR (DE LOS DE BURBUJAS)
- PAPEL PERIÓDICO
- COLORES PARA PLÁSTICO
- CINTA ADHESIVA DE PAPEL
- TIJERAS DE PUNTA REDONDA Y PEGAMENTO

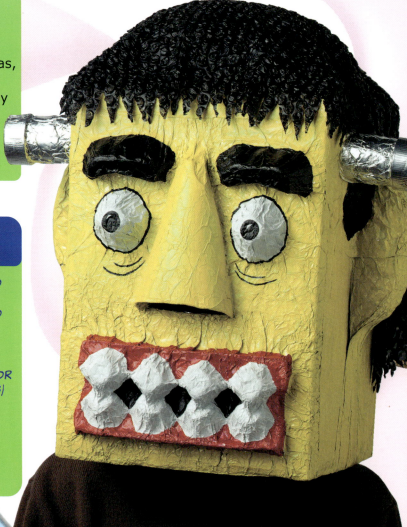

viene STEIN

Para una fiesta
de miedo,
¡un disfraz
monstruosamente
divertido!

1 Cierra la caja con la cinta adhesiva, dejando un lado abierto y cortando las alas. Corta la esponja por la mitad y fija los dos trozos en dos lados de la caja.

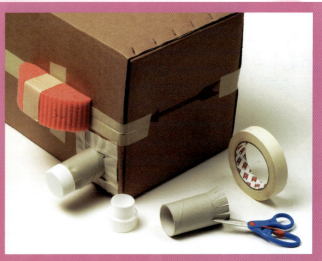

2 Corta en pestañas un lado de los tubos de cartón cortos. Abre las lengüetas y apóyalas en el cartón. Fija los tubos, opuestos entre sí, a los lados en los que has pegado las esponjas.

3 Para hacer los ojos, las cejas y los labios, corta la huevera y pégala en el cartón con el pegamento, como en la foto.

4 La nariz se hace con el tubo largo: córtalo verticalmente por la mitad, ábrelo y pégalo en forma de cono, dejando un agujero debajo.

5 Haz una media bola con el papel periódico y fíjala en el lado superior, con la cinta adhesiva. Extiende pegamento por toda la caja y después cúbrela con el papel metálico.

6 Pinta la cara de amarillo, los labios de rojo y las cejas y las pupilas de negro.

7 Prepara el pelo, cortando el plástico de embalar en lengüetas. Píntalo de negro y cuando esté bien seco, pégalo sobre la caja.

MONSTRUOS A LA MODA

1 Consigue una camiseta vieja de talla grande: corta los bordes, hazle unos desgarrones... monstruosos y ¡dibuja el pelo negro y verde del monstruo en el pecho!

2 Pide prestada una chaqueta de papá o del abuelo.

3 Dibuja unas manos grandes en una cartulina de color, con las uñas afiladas y pelos en el dorso. Para ponértelas, fíjalas a la muñeca con una liga.

SUPER

Cómo transformar una caja
¡en un animal muy especial!

¿QUÉ SE NECESITA?

- UNA CAJA GRANDE DE CARTÓN ONDULADO
- UN PLATO DE PAPEL
- DOS VASOS DE PAPEL
- PAPEL CREPÉ VERDE
- CARTULINA AMARILLA
- MEDIAS DE COLORES (MEJOR DE TALLA PEQUEÑA)
- PAPEL PERIÓDICO
- UN ROTULADOR NEGRO INDELEBLE
- PEGAMENTO Y TIJERAS
- UNA LIGA O UN CORDEL

PIDE A UN ADULTO QUE TE AYUDE A CORTAR EL CARTÓN.

GUSANO

1 Corta las alas que cierran la caja para que quede un lado abierto. Apoya un plato de papel en el centro de uno de los lados más largos y dibuja el contorno con el rotulador.

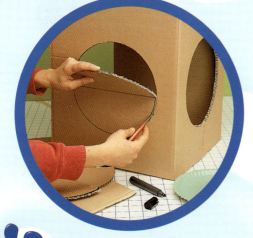

2 Haz lo mismo en el otro lado y en el fondo de la caja. Una vez dibujados los tres círculos, pide a un adulto que te ayude a cortarlos: los agujeros obtenidos te servirán para... ponerte el gusano, introduciendo los brazos y la cabeza.

3 Extiende el pegamento por los lados de la caja y cúbrelos con el papel crepé verde: en la parte que corresponde a los agujeros, haz con las tijeras un corte en forma de cruz en el papel.

4 Toma la cartulina amarilla y dibuja cuatro tiras, de unos 8-10 centímetros de ancho y tan largas como la cartulina. Córtalas, apóyalas en la parte superior de la caja, dobla los lados hacia abajo y pégalas. ¿Para qué sirven? ¡Son las rayas del gusano, claro!

Para lograr unas patas más blandas, puedes usar algodón para rellenar las medias. Pero serán más pesadas y no podrás doblar las... rodillas.

5 Pasemos a las patas: corta las piernas de las medias y rellénalas con papel periódico. Después, con la cinta adhesiva, fija las patas a los dos lados, debajo de los agujeros para los brazos.

6

Preparemos la
cara del... gusano:
toma el plato de
papel (mejor si es de
color verde o amarillo) y
marca dos puntos allí donde
irán los ojos. Después haz dos
agujeros con las tijeras y, con el
rotulador negro, dibuja en el fondo
de los vasos los ojos del gusano.

SI TIENES OTRAS CAJAS Y... OTROS
AMIGOS, PUEDES CONSTRUIR UN
SUPERGUSANO: CADA UNO PREPARARÁ
UN CUERPO Y UNA MÁSCARA. DESPUÉS SE
UNIRÁN TODOS EN FORMA DE
SERPIENTE, FIJANDO UNA CAJA CON
OTRA MEDIANTE UNA CUERDA HECHA
CON LAS MEDIAS ENTRELAZADAS.
LA PARTE MÁS DIVERTIDA SERÁ
CAMINAR TODOS A LA VEZ Y
HACERLO... ¡COMO UN GUSANO!

7

Pega los vasos en el
plato y dibuja la
boca. Fija a los lados
un cordel o una liga: ¡la
máscara-cara-de-gusano
está lista!

La

Llega revoloteando una simpática catarina para jugar en equipo al aire libre.

¿QUÉ SE NECESITA?

• UNA CAJA DE CARTÓN ONDULADO
• CARTULINA ROJA Y NEGRA
• UN PLATO DE PAPEL
• 4 BOLITAS DE POLIURETANO
• BOTONES DE COLORES
• UNA DIADEMA
• UNAS ESCOBILLAS DE LIMPIAR PIPAS O FLAUTAS
• UN ROTULADOR NEGRO INDELEBLE
• UNA LIGA O UN CORDEL
• PEGAMENTO Y TIJERAS DE PUNTA REDONDA

PIDE A UN ADULTO QUE TE AYUDE A CORTAR EL CARTÓN.

CATARINA

1 Abre la caja de cartón y corta dos de los seis lados de manera que, abriéndola y extendiéndola sobre la mesa, forme una T.

2 Coloca un plato de papel en el centro de los lados indicados en el esquema y marca el contorno con el rotulador. Pide a un adulto que te ayude a cortar los tres círculos: los agujeros obtenidos te servirán para... ¡ponerte la catarina, introduciendo los brazos y la cabeza!

3 Extiende el pegamento en el cuadrado central de la T (el que no has agujereado) y pega una cartulina roja. Pega también la cartulina en los tres lados agujereados y haz un corte en cruz que se corresponda con los tres agujeros.

4

Toque final: los puntitos, es decir, ¡los puntazos de la catarina! Dibuja unos círculos en la cartulina negra usando un vaso, recórtalos y pégalos en la caja.

5

He aquí cómo preparar unas antenas muy divertidas. Trenza tres escobillas de limpiar pipas o flautas y fija la trenza en la diadema. Prepara otra trenza y fíjala en el otro lado. Clava una bolita de poliuretano en cada una .

6

La... cara de la catarina se prepara así: pon boca abajo un plato de papel, de ser posible negro. Pega encima unos botones a modo de boca sonriente. Los ojos son dos bolitas de poliuretano pegadas en el plato con las pupilas dibujadas. Usa el cordel o la liga para ponértela.

Cabezas LOCAS

Chicos y chicas, pongamos en escena una alocada comedia. Las protagonistas son las... ¡Cabezas Locas!

Para la cara que debes dibujar, puedes inspirarte en algún personaje conocido. El marco puede convertirse en una pantalla de televisión o en un escenario. Y luego... ¡inventa muchas historias para que las reciten tus cabezas locas!

1 Toma la caja de cartón, corta el lado frontal y pinta el interior de negro y azul. Con la punta del lápiz agujerea el lado inferior de la caja.

2 Toma un trozo de cartulina, apóyala sobre la caja, traza su contorno y recorta el interior. En el exterior, dibuja un rectángulo más grande, formando un marco bastante alto. Decora el marco y pégalo en el borde de la caja.

16

3 Infla el globo al máximo, átalo y apóyalo en un recipiente para mantenerlo firme. Con el rotulador indeleble dibuja una cara ingeniosa. Desinfla el globo hasta obtener la medida que tu caja puede contener y vuélvelo a atar. Toma la caja y haz pasar el nudo del globo a través del agujero que hiciste en el fondo.

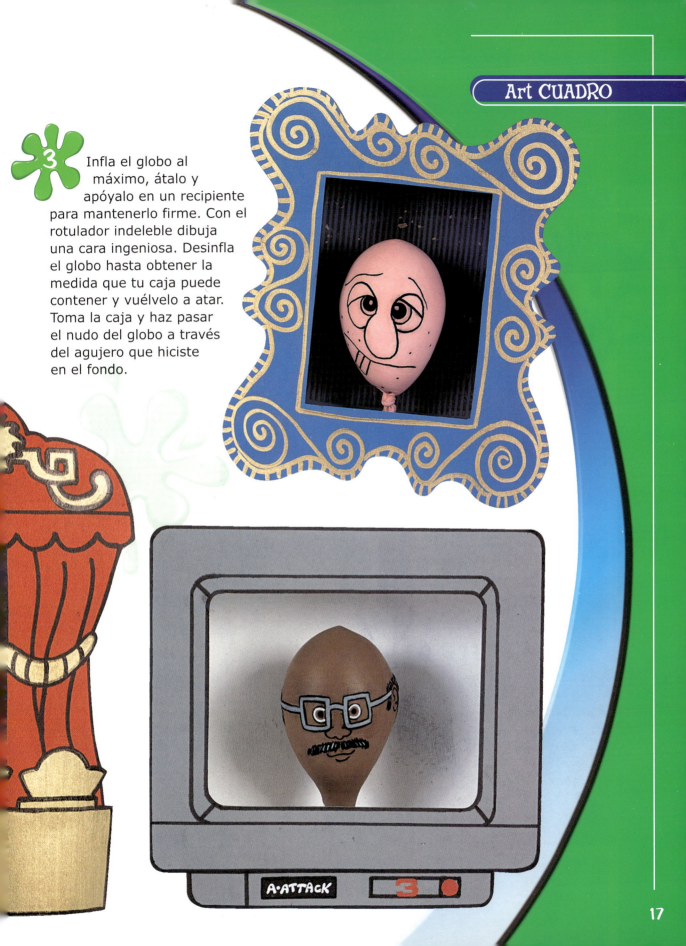

A·ATTACK 3

Bromas...

Pero ¿qué te has puesto en la cabeza? Qué pregunta... ¡una Art-idea!

¿QUÉ SE NECESITA?

- CARTÓN ONDULADO
- PAPEL CREPÉ NEGRO
- TÉMPERAS
- ROTULADORES
- LIGAS
- CINTA ADHESIVA
- PEGAMENTO Y TIJERAS DE PUNTA REDONDA

¡Inventa muchos otros Art-objetos para ponértelos en la cabeza!

¡en la CABEZA!

1 Dibuja con el rotulador negro un enorme lápiz en el cartón y recórtalo.

2 Corta el lápiz por la mitad y pinta ambas partes con las témperas.

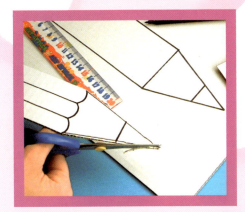

3 Dibuja una diadema en el cartón y recórtala.

4 Recubre la diadema con el papel crepé negro y fíjala con la cinta adhesiva.

5 Pega los dos trozos del lápiz en los lados. Fija una liga en la base.

APOYA LA LIGA EN LA NUCA: ¡MANTENDRÁ FIRME EL SÚPER LÁPIZ!

Enyesado

¿QUÉ SE NECESITA?

- UNA CAJA DE CARTÓN ONDULADO
- HOJAS DE PERIÓDICO
- PAPEL HIGIÉNICO
- PEGAMENTO BLANCO
- CINTA ADHESIVA
- TIJERAS DE PUNTA REDONDA

Tranquilo, ¡el brazo está en su sitio! Pero con un buen yeso de cartón para llenarlo de firmas y para... ¡que te mimen!

1 Abre la caja, corta las alas y envuelve el cartón en tu brazo.

de BROMA

4 Ponte el... yeso y señala el lugar en el que debes hacer el corte para el pulgar.

2 Fija el cilindro de cartón con la cinta adhesiva.

5 Recubre con bastantes capas de papel higiénico y pincela con una mezcla compuesta a partes iguales por agua y pegamento.

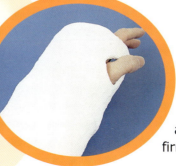

3 Recubre el cilindro con hojas de periódico, fijándolas con la cinta adhesiva.

6 Deja secar y... ¡busca a tus amigos para que te firmen en el yeso!

Animales de PLAYA

¿Quieres organizar un "playa party"? Fabrica los animales de playa y transfórmate en tiburón, pulpo o meji... hummm, ¡ostra!

¿QUÉ SE NECESITA?

- UNA ALFOMBRILLA DE FOAMY (GOMA-ESPUMA)
- ROTULADORES
- BOLITAS DE POLIURETANO O PELOTAS DE PING PONG
- UN PLATO DE PAPEL
- DOS CALCETINES
- PAPEL HIGIÉNICO
- CARTULINA
- CINTA ADHESIVA
- PEGAMENTO O CINTA ADHESIVA POR LOS DOS LADOS
- TIJERAS DE PUNTA REDONDA

1 Corta un trozo de alfombrilla. Dibuja la silueta de un tiburón y recórtala.

2 Dibuja la cola y con los trozos de *foamy* (goma-espuma) restantes, prepara la aleta central y pégala.

3 Corta por la mitad una bolita de poliuretano y dibuja los ojos. ¿Cómo? Pide ayuda a un adulto.

4 Pon boca abajo el plato, presiona los bordes para hacerlo cóncavo y dóblalo por la mitad. Corta el borde en triángulos... ¡serán los dientes puntiagudos del tiburón!

5 Dibuja la garganta, pega una lengua de papel rojo y fija la boca como en la foto.

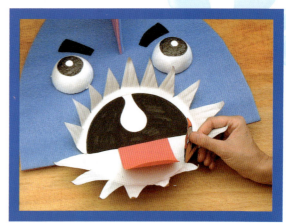

6 Rellena los calcetines con papel higiénico y pégalos al tiburón para hacer las aletas.

7 Corta un rectángulo de cartulina tan alto como el tiburón y tan ancho como la circunferencia de tu cabeza. Enróllalo, ciérralo con la cinta adhesiva y pégalo en el tiburón. Póntelo y... ¡sumérgete en la fiesta!

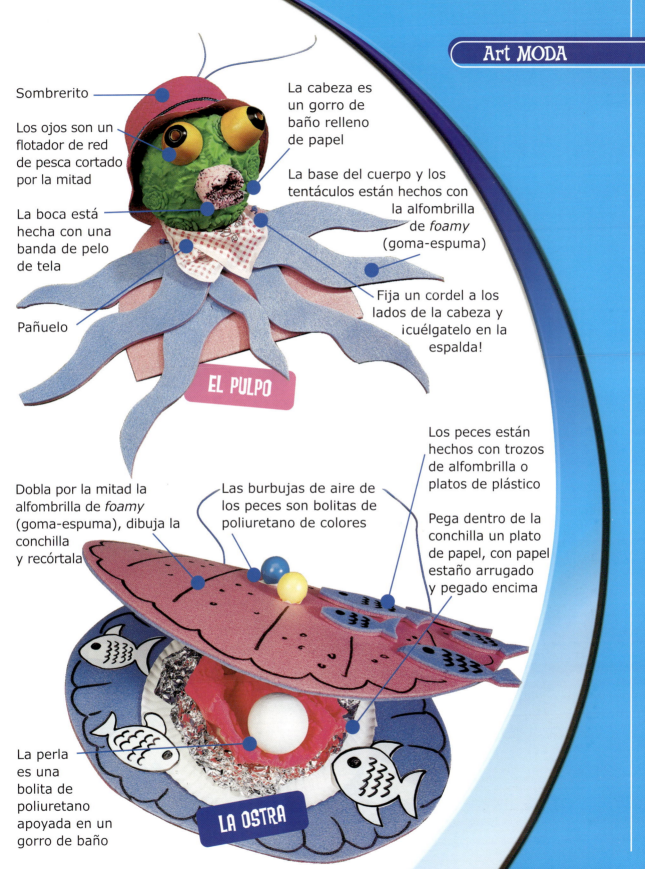

Sombrerito

Los ojos son un flotador de red de pesca cortado por la mitad

La boca está hecha con una banda de pelo de tela

Pañuelo

La cabeza es un gorro de baño relleno de papel

La base del cuerpo y los tentáculos están hechos con la alfombrilla de *foamy* (goma-espuma)

Fija un cordel a los lados de la cabeza y ¡cuélgatelo en la espalda!

EL PULPO

Dobla por la mitad la alfombrilla de *foamy* (goma-espuma), dibuja la conchilla y recórtala

Las burbujas de aire de los peces son bolitas de poliuretano de colores

Los peces están hechos con trozos de alfombrilla o platos de plástico

Pega dentro de la conchilla un plato de papel, con papel estaño arrugado y pegado encima

La perla es una bolita de poliuretano apoyada en un gorro de baño

LA OSTRA

Fiesta PIRATA

Vayamos a bordo...
¡de una fiesta en la
que hay que
inventarlo todo!

¿QUÉ SE NECESITA?

- PAPEL BLANCO DE 50 X 70 CM
- CARTULINAS DE COLORES
- PLATOS Y VASOS DE PLÁSTICO
- PAJITAS O POPOTES
- CINTA ADHESIVA DE COLORES
- VARILLAS DE MADERA
- UN RECIPIENTE DE POLIURETANO
- UN IMPERDIBLE O ALFILER DE SEGURIDAD
- UNA FRANELA DE FREGAR SUELOS
- TELAS ABSORBENTES DE COCINA
- LÁPICES DE COLORES O TÉMPERAS
- PEGAMENTO Y TIJERAS DE PUNTA REDONDA
- UN CORDEL

LAS VELAS

1 Dibuja el contorno de las velas en las hojas de papel de 50 x 70 cm. Dibuja la cruz de los piratas en el centro o... ¡lo que quieras! Prepara la bandera con la calavera, y después fíjalo todo con la cinta adhesiva en una pared (que servirá de fondo de tu fiesta pirata) o bien en una escalerilla abierta.

EL MANTEL GALEÓN

2 Decora el mantel con los ojos de buey: están hechos con platos de plástico sobre los que puedes pegar un círculo amarillo o ¡un dibujo tuyo "pirata"! Fíjalos a la tela con la cinta adhesiva. Toque especial: una orla de olas de cartulina azul para pegar en la parte inferior del mantel.

LAS BANDERAS

3 Dibújalas en las cartulinas de colores, recórtalas y pégalas en las varillas de madera. Algunas las puedes hacer con franjas, como la roja que ves en la foto.

EL PARCHE DE PIRATA

4 Sí, ¡el que se pone en el ojo! Dibuja un círculo utilizando una taza pequeña sobre una tela absorbente, recórtalo y haz dos agujeritos a los lados, por los que pasarás el cordel. Decora el parche con una Art-Mancha, hecha también con la tela de color.

LOS VASOS BUCANEROS

5 Decóralos con franjas de papel de colores y con dibujos piratas (¡así cada uno tendrá su vaso personal!).

EL SOMBRERO

6 Dobla la tela absorbente en cuatro partes (por la mitad en horizontal y por la mitad en vertical). Dibuja media silueta del sombrero y recorta. Abre y une las dos partes iguales obtenidas poniendo el pegamento cerca del borde externo. Deja abierta la parte inferior, por donde introducirás la cabeza. Recubre el sombrero con papel de color y decóralo con una simpática calavera recortada de las franelas o trapos de piso de colores.

Copia este botón PIRATA y pégalo en un pedacito de poliuretano. Recorta el contorno, fija un imperdible detrás y ¡póntelo!

LAS PAJITAS CORSARIAS

7 Dibuja y pinta cosas relacionadas con los piratas, recórtalas e introdúcelas en las pajitas o popotes, haciendo dos pequeños cortes arriba y abajo.

LAS GUIRNALDAS

8 Dobla el papel blanco en acordeón. Dibuja media silueta de un timón o una calavera, corta y abre. Con las témperas o los rotuladores, pinta tu adorno y cuélgalo en la "zona fiesta".

Fiesta de

Construye el castillo de las brujas, de los fantasmas y de otros monstruos para una fiesta ¡de miedo!

¡UN MONSTRUO ENSALADERA ES PEOR QUE... UNA TAPADERA!

VENTANA EMBRUJADA ¡SI LA TOCAS, TU SUERTE ESTÁ ECHADA!

HALLOWEEN

¡FANTASMA BURLÓN, QUE SE RÍE EN EL TORREÓN!

¡ARAÑA ARAÑITA, TE JUEGO UNA BROMITA!

PORTÓN TENEBROSO ¡ÁBRELO Y ENTRA EN LO HORROROSO!

AAAH!!
BUUUU!!
GRRR!

¿QUÉ SE NECESITA?

- CARTÓN ONDULADO
- PAPEL CREPÉ DE COLORES
- PAPEL VITELA BLANCO Y DE COLORES
- PAPEL PERIÓDICO
- PAPEL DE CALCAR
- PAPEL ESTAÑO
- CHINCHES
- BOLITAS DE POLIURETANO DE VARIOS TAMAÑOS
- HILO BLANCO
- PEGAMENTO Y TIJERAS DE PUNTA REDONDA

EL CASTILLO DE LAS BRUJAS

1 Prepara los muros del castillo uniendo dos trozos grandes de cartón ondulado. Aparte, dibuja y recorta las torres almenadas. Después, pega en el muro los ladrillos hechos con rectángulos de cartulina roja y naranja.

2 Las ventanas son de cartulina negra: consigue el efecto "fantasma" pegando encima las siluetas hechas con el papel de calcar. O bien puedes dibujar ojos amarillos y pegarlos en la cartulina negra.

EL PORTÓN TENEBROSO

3 Tiene las puertas de cartón ondulado, pegadas a los lados con la cinta adhesiva. En el centro brillan dos terribles ojos de cartulina amarilla. Y dentro... brrr: ¡aullidos de terror hechos de papel de colores!

AAAH!! BUUUU! GRRR

EL MURCIÉLAGO

4 La cabeza: haz una bola con una hoja de periódico, recúbrela con tiras de papel crepé negro y pégalo con el pegamento. Corta dos triangulitos de cartón negro y fíjalos en la cabeza para hacer las orejas. Los ojos y la nariz son chinches. Pega un hilo para colgar el murciélago. El cuerpo: toma una bola de poliuretano y pégale varias tiras de papel crepé. Pega la cabeza al cuerpo. Prepara las alas de cartulina y colócalas en la espalda del murciélago. Para terminar, corta y pega las patitas.

EL FANTASMA BURLÓN

5 Toma una hoja de papel vitela, ábrela y pega una bola de *unicel* o poliuretano en el centro. Da la vuelta a la sábana y dibuja la cara del fantasma con el rotulador. La cadena se hace con tiras de papel estaño enroscadas y dobladas en forma de anillo. Coloca los anillos uno dentro de otro y ciérralos con el pegamento. Pega la cadena al fantasma en dos puntos. Si quieres colgar el fantasma, fíjale un hilo en lo alto de la cabeza.

La telaraña está hecha con una hoja de papel de calcar: dibuja los hilos con un rotulador negro. Para reforzarla y colgarla, pega dos tiras de cartulina a los lados del ángulo.

ARAÑA ARAÑITA

6 Pega tiras de papel crepé negro en una bola de poliuretano. Corta en la cartulina seis patitas rectangulares, fíjalas en el cuerpo y pega en sus extremidades los pies de papel amarillo. Dibuja los ojos y la boca, córtalos y pégalos. ¿Y la nariz? ¡Es una chinche!

LA VENTANA EMBRUJADA

Recorta una ventana en el cartón y apóyala detrás del agujero, a unos 10 cm. Entre la ventana y el muro del castillo coloca una linterna de pilas, apoyada en el suelo, ¡para crear un espectral efecto de luz!

EL MONSTRUO RECIPIENTE

7 Cubre el recipiente con una tira de cartulina y decórala con estrellitas. Haz el monstruo con una bola de papel periódico, revestido de papel crepé. Dibuja los ojos y la boca en la cartulina, córtalos y pégalos. Haz la nariz y las orejas con las chinches, y con trocitos de papel comprimidos el pelo. Detrás de la cabeza, fija una tira rectangular de cartulina (cinco centímetros más alta que el borde del contenedor) y pégala en el recipiente. Prepara una bolita de papel un poco estrujada y recúbrela de papel rojo. Recorta en la cartulina los dos brazos y las uñas amarillas y pégalos en la bolita. Fija ambos en el borde del recipiente, como en la foto.

Ojo al MONSTRUO

Halloween es la noche de las brujas... ¡y de los monstruos que aparecen de repente de la nada!

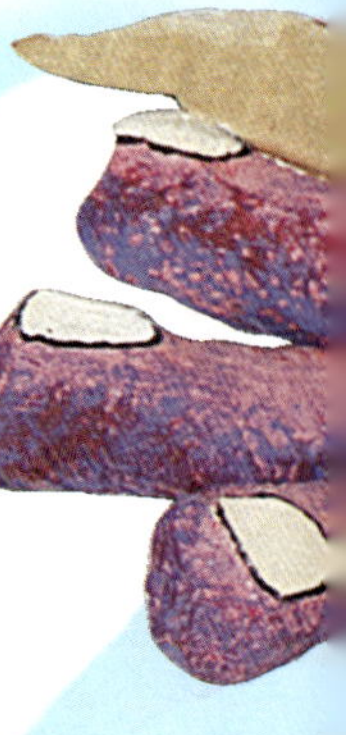

¿QUÉ SE NECESITA?

- UN LÁPIZ
- CARTÓN ONDULADO
- CARTULINA BLANCA
- TIJERAS DE PUNTA REDONDA
- PEGAMENTO BLANCO
- PAPEL PERIÓDICO
- PAPEL DE COCINA O PAPEL HIGIÉNICO
- TÉMPERAS O ACRÍLICOS
- UN CORDEL

1 Dibuja un círculo en el cartón y recórtalo. Toma la cartulina blanca y un pedazo de cartón y rómpelos. Extiende el pegamento a lo largo del borde exterior del círculo, fija los trozos de cartón vueltos hacia el exterior y después los de la cartulina blanca.

2 Pasemos a las manos: enrolla el periódico para obtener una palma cuadrada. Prepara los dedos enrollando otras hojas, pégalas a la palma y ¡añade las espantosas uñas, recortándolas del cartón!

Deja secar y dobla un poco todos los trozos: así producirá un efecto de papel roto... ¡por el monstruo!

3 Forma la cabeza del monstruo con las hojas de periódico y pégala en el círculo de cartón. Con otro papel enrollado crea los rasgos del monstruo: los ojos, las cejas, la nariz achatada... Para los dientes, usa pequeños triángulos de cartón. ¡También puedes hacer unos cuernos! Finalmente pega las manos debajo de la cara del monstruo.

4 Mezcla pegamento blanco y agua a partes iguales y extiéndela sobre el monstruo. Cubre la cabeza y las manos con dos capas de papel de cocina y añade otra capa de mezcla de pegamento. Después deja que todo se seque bien.

5 Pinta de negro el fondo alrededor del monstruo para crear el efecto de un agujero negro. Pinta la piel de verde, con sombras más oscuras y difuminados de café y negro. Cuelga la "criatura" en tu habitación: ¡dará un susto de muerte a todos los intrusos!

CON LA MISMA TÉCNICA PUEDES CREAR EXTRATERRESTRES, ESQUELETOS ESPANTOSOS O UN ¡"MONSTRU-OJO" QUE SALE DE UNA GRIETA! UTILIZA TU MONSTRUO PARA LA FIESTA DEL TERROR, COLGÁNDOLO EN LA PUERTA DE TU CASA ¡PARA DAR LA BIENVENIDA A LOS INVITADOS!

PIDE A UN ADULTO QUE TE AYUDE A CORTAR EL CARTÓN.

Pon un TRONO...

¡en tu habitación! Así te sentirás un rey, y tus amigos tendrán que ¡obedecerte y reverenciarte!

1 Escoge la silla que quieras convertir en trono. Recorta un rectángulo de cartón ondulado más alto que el respaldo de la silla y que cubra todo el lado. Dibuja la silueta del trono y repásala con el rotulador.

¿QUÉ SE NECESITA?

- TRES TROZOS GRANDES DE CARTÓN ONDULADO
- PAPEL CREPÉ
- PAPEL ESTAÑO
- PINZAS DE TENDER LA ROPA
- UNA ORLA DE ENCAJE O DE PASAMANERÍA
- CINTA ADHESIVA DE COLORES
- CARTULINAS DE COLORES
- UN CORDEL
- TELA ABSORBENTE DE COCINA
- DOS PLATOS Y SEIS RECIPIENTES DE PAPEL O DE PLÁSTICO
- ROTULADORES DE COLORES
- TÉMPERAS
- UN RODILLO PARA BARNIZAR
- TIJERAS DE PUNTA REDONDA Y PEGAMENTO
- ENGRAPADORA

2 Colorea el cartón con un pequeño rodillo y las témperas. No diluyas mucho los colores y usa tonos vivos.

3 Para hacer un "rizo" en relieve en el brazo del trono, utiliza un cordel pegado en forma de espiral. Atraviesa una flor de tela absorbente con el cordel y haz un nudo en el extremo.

41

4 Pega pinzas de dos o más colores en el borde del brazo.

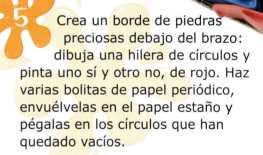

5 Crea un borde de piedras preciosas debajo del brazo: dibuja una hilera de círculos y pinta uno sí y otro no, de rojo. Haz varias bolitas de papel periódico, envuélvelas en el papel estaño y pégalas en los círculos que han quedado vacíos.

6 Dobla en acordeón unos trozos de papel crepé de dos colores. Fija los pliegues con el pegamento o la engrapadora. Pega el papel bajo el borde de las joyas. Para cubrir los puntos metálicos, pega sobre el papel una tira de encaje o de pasamanería.

7 Reviste con papel estaño un plato de plástico y pégalo en la parte superior del respaldo. Pega en medio un recipiente de plástico al revés. Puedes pegar otros dos recipientes en los pies del trono.

8 Recubre un tubo de cartón (el que hay dentro de los rollos de cocina) con tiras de cinta adhesiva de varios colores. Pega el tubo verticalmente en el lado del respaldo del trono.

9 Corta un rectángulo de cartón ondulado, algo más alto que el respaldo de la silla y por lo menos, veinte centímetros más ancho. En los dos lados más cortos del rectángulo, traza una línea vertical, a unos diez centímetros de distancia del borde y dobla a partir de la línea para hacer una pestaña que pegarás por dentro al costado del trono.

10 ¡Aquí tienes el primer lateral del trono! Ahora calca la silueta en otra hoja de cartón ondulado y decora también el lado opuesto.

11 Coloca la cobertura alrededor de la silla y... ¿no te sientes ya como un rey? ¡Ahora con tus amigos juega a reinar en el país que quieras!

Art-botes...

No, nada de botes peligrosos, sino sólo monstruos estilo Art Attack, cósmicamente divertidos, que... ¡hacen un montón de ruido!

EL RUIDO-COHETE

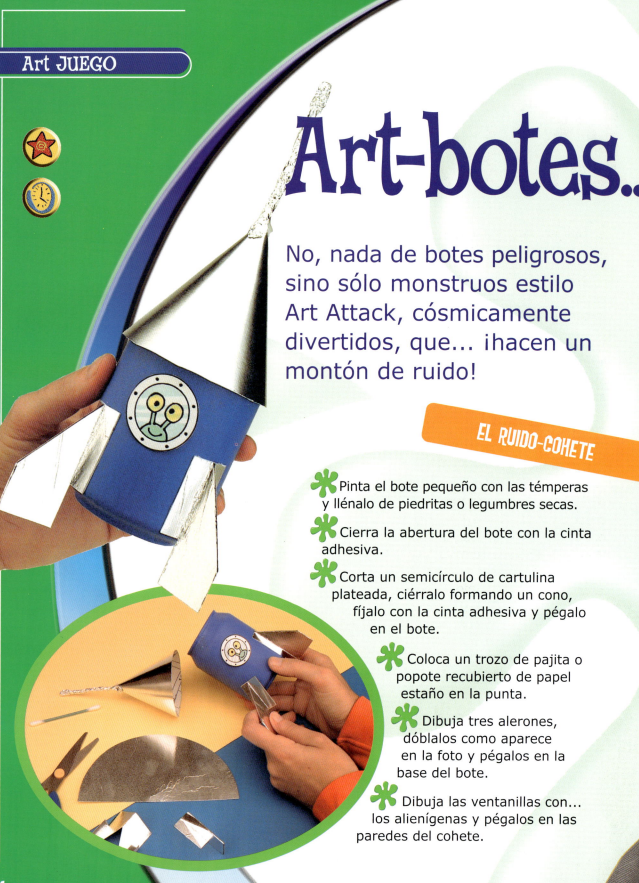

* Pinta el bote pequeño con las témperas y llénalo de piedritas o legumbres secas.

* Cierra la abertura del bote con la cinta adhesiva.

* Corta un semicírculo de cartulina plateada, ciérralo formando un cono, fíjalo con la cinta adhesiva y pégalo en el bote.

* Coloca un trozo de pajita o popote recubierto de papel estaño en la punta.

* Dibuja tres alerones, dóblalos como aparece en la foto y pégalos en la base del bote.

* Dibuja las ventanillas con... los alienígenas y pégalos en las paredes del cohete.

44

ESPACIALES

* Dibuja el traje del marciano en la cartulina y recórtalo.

* Prepara unas tiras de papel estaño y fíjalas en la ropa para hacer los brazos y las piernas.

* Une las dos tapas con una lengüeta de cartulina y fíjalas en el cuerpo del alienígena.

* Haz una lengua de papel y pégala en la tapa inferior.

* Cubre la tapa superior con la cartulina verde para crear un "bolsillo" donde poder meter los dedos y ¡chocar las tapas entre sí! Termina la cabeza con franjas y ojos...

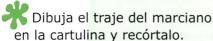

EL ALIENÍGENA RUIDOSO

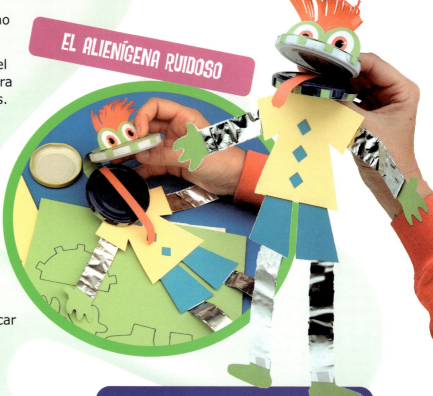

¿QUÉ SE NECESITA?

- UN BOTE VACÍO
- CARTULINA PLATEADA
- UNA PAJITA O POPOTE
- ROTULADORES Y TÉMPERAS
- PIEDRITAS O LEGUMBRES SECAS
- CINTA ADHESIVA
- DOS TAPAS DE FRASCO METÁLICAS
- PAPEL ESTAÑO
- PEGAMENTO Y TIJERAS DE PUNTA REDONDA

45

Torneo de GOLF

¿QUÉ SE NECESITA?

- UN PLATO
- CARTÓN GRUESO Y CARTULINA
- UN LÁPIZ
- UN VASO DE PLÁSTICO
- TIJERAS DE PUNTA REDONDA Y CINTA ADHESIVA
- UN BASTONCILLO LISO
- UNA REVISTA
- PEGAMENTO BLANCO
- PAÑUELOS DE PAPEL O PAPEL HIGIÉNICO
- COLORES ACRÍLICOS
- UNA PELOTA DE PING-PONG
- PLASTILINA
- UNA PAJITA O POPOTE
- PAPEL PERIÓDICO

¿Crees que el golf es aburrido? ¡Te equivocas! Con Art-imaginación se convierte en un juego muy divertido para practicar en compañía.

1 Apoya un plato sobre la cartulina y marca el contorno con el lápiz. Toma un vaso y colócalo en el centro del círculo, marca el contorno y recorta el círculo interior. Corta el anillo y dóblalo formando un cono. Únelo con cinta adhesiva.

LOS HOYOS

2 Mezcla a partes iguales pegamento y agua y extiénde la mezcla sobre el cono. Cubre con dos capas de papel higiénico, incluido el borde interior del agujero, ¡así la pelota entrará más fácilmente! Deja secar y pinta.

NO HAGAS LAS PAREDES DEL CONO DEMASIADO ALTAS O TE SERÁ DIFÍCIL CONSEGUIR QUE ENTRE LA PELOTA EN EL HOYO.

1 Arranca una hoja de periódico y enróllala alrededor de un extremo del bastoncillo. Fija el papel con la cinta adhesiva: ¡el mango está listo!

Si quieres hacer un palo especial, en vez del bastón usa una caña de jardín rígida y dóblala en zigzag.

2 Hagamos la cabeza con la que se golpea la pelota. Dibuja una "panza" en forma de D en el cartón. Corta la D y únela con la cinta adhesiva al extremo inferior del bastón.

¿QUIERES PINTAR TU PALO DE GOLF DE FORMA REALISTA? ¡HAZ LA EMPUÑADURA NEGRA, EL BASTÓN DE COLOR METÁLICO Y LA PARTE QUE GOLPEA LA PELOTA DE COLOR MADERA O PLATEADA!

3 Extiende pegamento en el palo y recúbrelo con varias capas de papel periódico. Repite la operación varias veces en la panza, de manera que esté bien rellena. Deja secar y pinta.

LA BANDEROLA

Indica dónde está el agujero. Para hacer la banderola, usa una pajita o popote e introdúcela en una bolita de plastilina. Corta un triángulo de cartulina o tela de cocina, píntala y pégala en la pajita.

LAS CAÑAS Y LAS PLANTAS ACUÁTICAS

Son de cartulina de colores: deja una lengüeta abajo, dóblala y pégala.

EL CAMPO

EL LAGO

Pluff... ¡la pelota ha acabado en el agua!

¿CÓMO SE JUEGA?

- SI TIENES ESPACIO, PUEDES PREPARAR UN CAMPO DE GOLF GRANDE, PARA PODER JUGAR CON LOS AGUJEROS Y LOS PALOS QUE HAS CONSTRUIDO. APOYA EL HOYO EN EL **GREEN**, JUNTO A LA **BANDEROLA**.

- ESTABLECE UN PUNTO DE PARTIDA DESDE DONDE LANZAR LA PELOTA (DE PING-PONG) Y ¡DESAFÍA A TUS AMIGOS VIENDO QUIÉN HACE MÁS HOYOS! Y SI PIERDES LA PELOTA... ¡PACIENCIA, TE DIVERTIRÁS IGUAL!

EL GREEN

Se llama así la zona
del campo donde está
el hoyo. Utiliza una
cartulina verde
más clara.

LOS BÚNKER

Se llaman así las zonas
de arena excavadas
cerca del *green*. ¿Para
qué sirven? Son
obstáculos que hacen
más difícil el juego...
¡Intenta sacar la
pelota de la arena!

EL ÁRBOL

Es de cartulina;
haz una
lengüeta de
apoyo y
pégala.

Game

¿QUÉ SE NECESITA?

- UNA TAPA DE CARTÓN
- ENVASES PEQUEÑOS DE YOGUR
- CINTA ADHESIVA DE COLORES
- VASOS DE PAPEL
- CARTULINAS DE COLORES
- PEGAMENTO Y TIJERAS DE PUNTA REDONDA
- BOLITAS O CANICAS PARA JUGAR

¿Has roto las cajas? ¡Pasa a las tapas! Transfórmalas en una pista para jugar ¡con bolitas y canicas!

¡PARA CORTAR LOS CÍRCULOS EN EL CARTÓN, PIDE AYUDA A UN ADULTO!

Desafía a tus amigos a torneos de habilidad... ¡en una caja! O bien haz el juego aún más difícil: jueguen con los ojos cerrados (¡sin hacer trampas!) mientras intentan "introducir" todas las bolas.

BOX

1 Toma una tapa de cartón de unos 20 por 40 centímetros. Reviste los bordes interiores con la cinta adhesiva y recubre el fondo con cartulinas de colores en forma ¡de Art-manchas!

2 Dibuja en el fondo unos círculos de diámetro ligeramente superior al de los envases del yogur y recórtalos. Introduce un envase en cada agujero, presionando para que entre hasta el fondo.

3 Pega otros envases de yogur... invertidos para crear obstáculos en el recorrido. Añade con el mismo propósito vasos de papel. Para hacerlos más simpáticos, corta en franjas la parte superior de los vasos, dobla las lengüetas y pégalos en el fondo de la tapa.

4 Escribe las puntuaciones, basándote en la dificultad del recorrido, y pégalos junto a los agujeros.

Y AHORA ¡JUGUEMOS!

Toma 4 bolitas o canicas y ponlas en la pista: al mover la tapa, debes lograr introducirlas todas en los agujeros dándote un límite de tiempo. Y... ¡atención a los puntos!

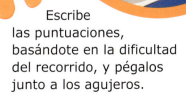

Tiro al BLANCO

Simple, pero divertido para practicar con los amigos, en casa o al aire libre.

1 Dibuja la diana: toma una hoja de papel y calcula su punto central trazando las diagonales. Haz el círculo más pequeño en el centro, utilizando el compás. Después, pon una cartulina debajo de la hoja. Apoya la punta del clavo en el centro del círculo y presiona ligeramente, para que penetre en el cartón de abajo.

2 Haz como en la foto: pon un extremo de la cuerda en el clavo y ata el otro alrededor de un rotulador negro. Decide la distancia y traza un círculo manteniendo la cuerda bien tensa.

3 Escribe las puntuaciones en cada corona, partiendo de la más baja, en la parte externa, hasta la más alta, en el círculo central.

10
30
50
100

¿QUÉ SE NECESITA?

- HOJAS DE PAPEL DE 50 X 70 Ó 70 X 100 CM
- ROTULADORES DE COLORES
- UN CLAVO
- UN TROZO DE CUERDA
- CARTULINA
- PLASTILINA

4 Cuelga la diana en una puerta o, si estás en un jardín, en un árbol. Prepara bolitas de *plastilina* de varios colores. Cada jugador dispondrá de cinco bolitas de un mismo color para lanzar a la diana en cada turno. Gana quien consigue más puntos.

Jaque MATE

¿Tus padres juegan al ajedrez? ¡Éste es el mejor regalo para ellos! ¿Y si no saben jugar? ¡Aprenderán!

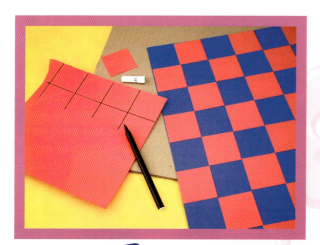

¿QUÉ SE NECESITA?

- CARTÓN ONDULADO
- CARTULINA DE COLORES
- ROTULADORES
- TÉMPERAS Y PINCELES
- CUENTAS
- CHINCHES Y BROCHES
- TAPONES DE BOTELLA (DE CORCHO O METÁLICOS)
- ESCOBILLAS DE LIMPIAR PIPAS O FLAUTAS
- CINTA ADHESIVA DE COLORES
- UNA CINTA
- VARILLAS DE MADERA O PALILLOS
- PEGAMENTO Y TIJERAS
- PLASTILINA

EL TABLERO

Toma una cartulina de color y divídela en 64 cuadros (8 filas de 8 cuadros cada una). Pégala sobre un cartón grueso. Ahora, en una cartulina de distinto color, recorta 32 cuadros del mismo tamaño que los anteriores y pégalos "en tablero" en la primera cartulina.

Art CANICÓDROMO

¿La misma playa, los mismos juegos, las mismas canicas? ¡No! Con cartón, pegamento e imaginación hagamos ¡el canicódromo más alucinante que existe!

¿QUÉ SE NECESITA?

- UNA CAJA DE CARTÓN ONDULADO
- UNA BOYA PARA RED DE PESCA (O DOS PELOTAS DE PING-PONG)
- PAPEL HIGIÉNICO
- PEGAMENTO BLANCO
- TIJERAS DE PUNTA REDONDA
- UN ROTULADOR NEGRO
- COLORES ACRÍLICOS Y PINCEL
- PAJITAS O POPOTES DE PLÁSTICO

1 Abre la caja de cartón. Separa las alas que cierran la caja y uno de los lados largos: te quedará un trozo igual al de la foto de arriba. Dibuja un semicírculo en la parte central y dos rectángulos en los trozos laterales.

¿QUÉ SE NECESITA PARA JUGAR?

- UNA BOLSA DE CANICAS
- UN GRUPO DE AMIGOS (TAMBIÉN PUEDES JUGAR SOLO, ¡PERO EN GRUPO ES MÁS DIVERTIDO!)
- UNA PLAYA (¡NO JUEGUES DONDE PUEDAS MOLESTAR AL QUE TOMA EL SOL!, Y TAMPOCO CERCA DEL AGUA, PUES TE ARRIESGAS A QUE EL CANICÓDROMO... ¡SE HAGA A LA MAR!)
- UN CANICÓDROMO... ¿QUÉ ESPERAS PARA CONSTRUIRLO?

2 Recorta, siguiendo las líneas trazadas en el cartón.

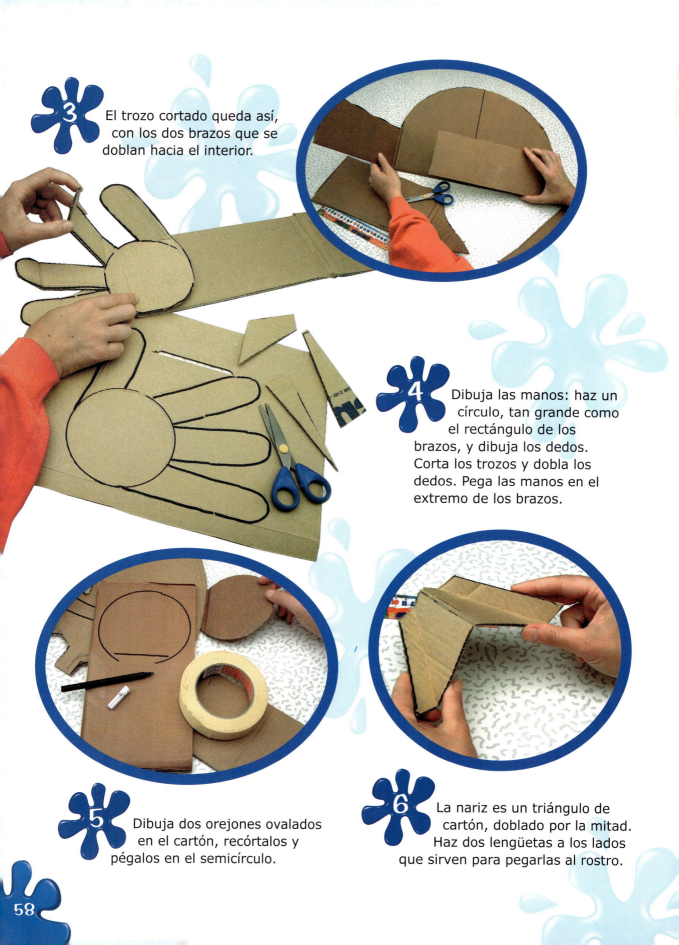

3 El trozo cortado queda así, con los dos brazos que se doblan hacia el interior.

4 Dibuja las manos: haz un círculo, tan grande como el rectángulo de los brazos, y dibuja los dedos. Corta los trozos y dobla los dedos. Pega las manos en el extremo de los brazos.

5 Dibuja dos orejones ovalados en el cartón, recórtalos y pégalos en el semicírculo.

6 La nariz es un triángulo de cartón, doblado por la mitad. Haz dos lengüetas a los lados que sirven para pegarlas al rostro.

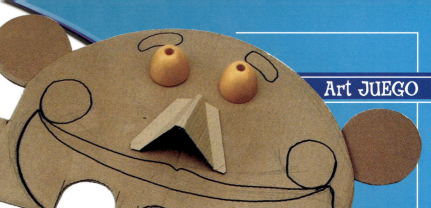

7 Completa la cara pegando los ojos: utiliza una boya de pesca cortada por la mitad, o bien dos pelotas de ping-pong, o dos vasos de papel invertidos. Dibuja la boca y las cuatro aberturas por las que deberán entrar las canicas: son de tamaños distintos y tendrán distintas puntuaciones. Corta las puertitas y pega en la base ¡una gran lengua de cartón!

8 Pega unos trozos de papel higiénico enrollados en las cejas, los labios y las mejillas. Mezcla a partes iguales agua y pegamento blanco y sumerge las tiras de papel higiénico. Recubre todo el juego y deja secar.

9 Pinta con los acrílicos, marcando también las puntuaciones, y decora todo con pajitas o popotes de colores.

ART TORNEO DE CANICAS

Pon el Art-canicódromo en la arena, abriendo los brazos para mantenerlo estable y haciendo una pequeña montañita de arena bajo la cabeza. Introduce la lengua de cartón en la arena. Moja la arena en la parte delantera de la lengua y presiónala con la manos para tener una "pista de lanzamiento" bien lisa. Coloca las canicas frente a la cara (decide la distancia según tu habilidad) y dirígelas al agujero, ¡tratando de lograr la puntuación más alta!

Carrera en

Recicla botellas de plástico, creando unos divertidos animales... ¡que usarás para una carrera de habilidad!

1 ¡LLAMA A TUS AMIGOS PARA LA RECOLECCIÓN!

3 SEÑALA LA SALIDA Y LA META

4 APOYA UNA BOLITA EN LA SALIDA Y EMPÚJALA, SUPERANDO EL PRIMER OBSTÁCULO SIN HACERLO CAER

2 PON LOS ANIMALES EN UN PRADO

LA GRANJA

¿QUÉ SE NECESITA?

- BOTELLAS DE PLÁSTICO
- CARTULINAS DE COLORES
- PEGAMENTO Y TIJERAS DE PUNTA REDONDA
- CINTA ADHESIVA
- ROTULADORES

5 TIRA LA BOLITA DE NUEVO, AVANZANDO AL SEGUNDO ANIMAL. CONTINÚA HASTA LA META

6 SI CAE UN ANIMAL, ¡5 PUNTOS DE PENALIZACIÓN!

7 HAZ MÁS COMPLICADO EL JUEGO, FIJANDO UN LÍMITE MÁXIMO DE TIROS PARA COMPLETAR EL RECORRIDO

LA VACA

1 Corta un rectángulo de cartulina blanca (32 x 30 cm). Dibuja las manchas con el rotulador negro. Enrolla la cartulina en la botella y ciérrala con la cinta adhesiva.

2 Dibuja la cabeza en la cartulina blanca y... ¡mánchala! Luego, dibuja un poco de hierba en la cartulina verde, córtala, fíjala debajo de la boca y añádele una margarita.

! PARA ENROLLAR LA CARTULINA, PÁSALA POR EL BORDE DE LA MESA, PRESIONÁNDOLA UN POCO CON LAS MANOS PARA CURVARLA.

3 Dibuja y recorta la cola, dejando una lengüeta que pegarás bajo la base de la botella.

EL GATO

Haz el cuerpo como el de la vaca y dibuja las partes (ojos, orejas, hocico y cola). Recórtalas y pégalas al cuerpo.

Para que el juego sea más fácil, pon un poco de agua o arena en las botellas y ciérralas bien: ¡caerán con más dificultad!

1 Prepara el cuerpo del pollito como los anteriores. El sombrero se hace con un círculo de cartulina, del que debes cortar un gajo. Enrolla el cono y fíjalo con el adhesivo. Corta un flequillo de cartulina y pégalo dentro del sombrero.

EL POLLITO

También puedes usar los animales de botella para sujetar las puertas, rellenándolos con agua o arena. ¡O usarlos de sujetalibros!

2 El pico se hace con un triángulo de cartulina (mira la foto) doblado y pegado.

EL CONEJITO

Cuerpo de cartulina verde para el conejo, grandes orejas ligeramente curvadas y una cola de cartulina blanca.

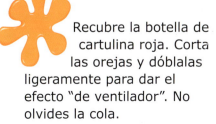

EL PERRITO

Recubre la botella de cartulina roja. Corta las orejas y dóblalas ligeramente para dar el efecto "de ventilador". No olvides la cola.

Imágenes utilizadas bajo la concesión de
The Media Merchants Television Company Limited
© The Media Merchants Television Company Limited 2004,
a HIT Entertainment plc. company
Fotos de Granada Press (p.18 y p. 40)
© 2004, Disney Enterprises, Inc.
EDITORIAL EVEREST, S. A.
Carretera León - La Coruña, km 5 - LEÓN

ISBN: 978-968-893-149-3
Depósito legal: LE.1610-2007

Printed in Spain - Impreso en España
EDITORIAL EVERGRÁFICAS, S. L.
Carretera León-La Coruña, km 5
LEÓN (España)
www.everest.es

ÍNDICE

ÍNDICE ANALÍTICO

ÍNDICE TEMÁTICO